O SOL RAIOU NA FAZENDA.
OS ANIMAIS ESTÃO BASTANTE ANIMADOS.

MILA COMEÇA O DIA ALIMENTANDO OS ANIMAIS
QUE VIVEM NA FAZENDA.

JOÃO JUNTA TODO O FENO,

PARA A FAZENDA FICAR ORGANIZADA.

LAILA GOSTA DE TIRAR LEITE DA VACA
E BEBÊ-LO AINDA QUENTINHO.

OLHA QUE PORQUINHO SAPECA!
ELE QUER BRINCAR.

NO GALINHEIRO, OS PINTINHOS FAZEM A FESTA.

PIU-PIU!

A OVELHA QUER PARTICIPAR DA ANIMAÇÃO!

O COELHINHO BUSCA ALGUÉM PARA BRINCAR.
QUEM SE ANIMA?